CONFÍA EN TI, ERES ASOMBROSA

Las Aventuras de Amelie

De MILL SNOWS

Queda prohibida la reproducción, fotocopiado o transmisión de este libro o de cualquier parte del mismo, ya sea en forma impresa o electrónica.

Ni el autor ni el editor son legalmente responsables de los posibles daños debidos a la información contenida en este libro, ni de los posibles descuidos en el uso de los consejos y trucos que el libro relata.

La información contenida es meramente informativa y no garantiza el éxito de lo descrito.

www.WeAreAllAmelie.com

Primera edición. Febrero 2023

ISBN: 9798377459545

Sello: Independently published

Copyright © 2023 Mill Snows - Todos los derechos reservados

¡DESCUBRE LAS AVENTURAS DE AMELIE!

Un libro lleno de historias cortas que te inspirarán a tener fuerza interior, construir amistades, superar miedos, confiar en ti y mucho más.

Esta colección de relatos de ficción basados en la vida cotidiana te permitirá adentrarte en un mundo lleno de aventuras, superación, trabajo en equipo, confianza en uno mismo y valores familiares.

Cada capítulo te dejará algún aprendizaje y al final de cada uno encontrarás una actividad para reforzar los conceptos aprendidos.

Un libro de fácil lectura ideal para niñas y jóvenes que buscan inspiración y empoderamiento.

¡No pierdas la oportunidad de adquirir este libro y vivir increíbles aventuras junto a Amelie!

Escrito por MILL SNOWS

Las Aventuras de Amelie

Las Aventuras de Amelie

CONFÍA EN TI - Página 9

ACEPTA LA AYUDA - Página 15

NUNCA TE RINDAS - Página 19

AYUDAR TE AYUDA - Página 23

LA FUERZA DE LA AMISTAD - Página 27

SUPERANDO MIEDOS - Página 31

TRABAJO EN EQUIPO - Página 35

JUNTOS ES MEJOR - Página 39

NO MÁS MALTRATO ESCOLAR - Página 43

PEDIR AYUDA ES BUENO - Página 47

LA BONDAD Y LA AMABILIDAD EXISTEN - Página 51

NADIE ES MEJOR QUE NADIE - Página 55

AMA LA NATURALEZA Y LOS ANIMALES - Página 59

UNIDOS POR UNA CAUSA - Página 65

SUPERA LA FALTA DE UN SER QUERIDO - Página 69

MIEDO A SER LA NUEVA DE LA CLASE - Página 73

TERROR AL DENTISTA - Página 77

MIS PADRES DISCUTEN - Página 81

QUIERO UNA MASCOTA - Página 85

LEJOS DE LA FAMILIA - Página 89

Las Aventuras de Amelie

INTRODUCCIÓN

¡Hola! Soy Amelie, una niña como todas, igual que tú y tus amigas. Me encanta vivir aventuras cotidianas que me presentan muchos retos que tengo que superar. Siempre con la ayuda de mi familia y amigos, resuelvo diferentes desafíos que me enseñan muchas cosas. En este libro encontrarás historias cortas muy fáciles de leer que te harán sentir identificad@.

¡Espero que te gusten y disfrutes leyéndolas!

Las Aventuras de Amelie

CONFÍA EN TI

Amelie es una niña curiosa y muy aventurera que vive en un pequeño pueblo rodeado de montañas y bosques. Vive junto a sus padres en una casita no muy grande pero muy acogedora, que queda en la calle principal de su pueblo a pocos metros de un río y un precioso bosque donde suele pasar mucho tiempo viviendo aventuras asombrosas sola o con sus amigos.

Un día, mientras paseaba por el bosque, descubrió un camino que nunca había visto antes. Con su corazón latiendo de emoción y su afán por explorar, no dudó un minuto y decidió seguir ese camino para ver a dónde llevaba. Cogió su brújula para no perderse y emprendió el camino a su nueva aventura.

Después de caminar por largo tiempo observando la naturaleza, llegó a un claro en medio del bosque en cuyo centro había un árbol centenario gigantesco con grandes ramas y muchas hojas. Al mirar para arriba, vio un nido en la parte superior. Decidió acercarse al árbol y descubrió que había un pájaro herido en el nido. Desde abajo se escuchaba el quejido de dolor del pájaro, y eso hizo que Amelie se angustiara de inmediato y, sin pensarlo dos veces, decidiera ayudarle.

Pero cuando intentó subir al árbol, se dio cuenta de que era mucho más alto de lo que parecía. Sin embargo, Amelie no se dejó vencer por el miedo y encontró una manera de subir. Ella confió en sí misma y de a poco, sujetándose de las ramas más fuertes, con mucho esfuerzo mental y físico pero siempre con mucha precaución, fue trepando al árbol.

Una vez arriba, Amelie cogió al pájaro entre sus manos y vio que tenía un ala lastimada. Lo bajó con cuidado y lo comenzó a curar. Lo cuidó durante unas horas hasta que estuvo lo suficientemente fuerte como para volar. El pájaro estaba listo y podía volver a su hogar, ya no sufría dolor y como símbolo de agradecimiento le regaló una pluma dorada a Amelie, como recordatorio de su aventura. Ella, muy emocionada, la guardó en una cajita de madera muy mona que lleva siempre en su mochila, donde atesora recuerdos de sus aventuras. Ella la llama su "lifebox" porque guarda recuerdos de su vida.

Amelie regresó a su pueblo con la pluma dorada como trofeo de su aventura, muy feliz por haber ayudado al ave y con mucha confianza en sí misma. Desde ese día, Amelie siguió explorando el mundo y viviendo aventuras increíbles.

ACTIVIDAD

Escribe aquí si tienes alguna cajita o sitio especial donde guardas recuerdos de tu vida.

. . . .
. . . .
. . . .
. . . .
. . . .
. . . .
. . . .
. . . .
. . . .
. . . .
. . . .
. . . .
. . . .
. . . .
. . . .
. . . .

Las Aventuras de Amelie

COLOREA Y DECORA

Inspírate con otras creatividades en redes sociales usando el #SOMOSTODASAMELIE

CONFÍO EN MÍ

SOY ASOMBROSA

COLOREA

Inspírate con otras creatividades en redes sociales usando el #SOMOSTODASAMELIE

Designed by Freepik

ACEPTA LA AYUDA

Una mañana de calor en pleno verano, Amelie estaba jugando en el río cerca de su pueblo cuando de repente vio algo brillante en el fondo. Con su espíritu aventurero, corrió a buscar sus gafas de buceo, tomó una gran bocanada de aire en la superficie y se sumergió. Comenzó el descenso sin perder de vista lo que tanto brillaba. Cuando llegó al fondo, descubrió que era un cofre antiguo de cristal que hacía reflejo con el sol y de aspecto muy valioso.

Pero cuando trató de recoger la caja, se dio cuenta de que estaba atrapada en una red de algas y ramas. Amelie trabajó duro para liberar el cofre, pero cuanto más lo hacía, más se enredaba.

De repente, oyó un ruido extraño y vio que un grupo de peces se acercaba. Amelie estaba muy asustada, pensaba que los peces la irían a atacar, pero entonces descubrió que los peces eran amables y querían ayudarla a liberarlo.

Juntos, Amelie y los peces lograron rescatar el cofre luego de mucho esfuerzo y empeño y llevarlo a la superficie. Al abrirlo, descubrió que estaba lleno de tesoros maravillosos y una nota que decía: "Estos tesoros son para aquellos que tienen el valor de aventurarse, la humildad de aceptar ayuda y encontrarlos"

Amelie estaba emocionada y agradecida por su aventura en el río. Regresó a toda prisa a su pueblo y les contó a sus amigos sobre su aventura con los peces amables.

Desde ese día, Amelie siempre recuerda que la valentía, la determinación y la humildad de aceptar la ayuda pueden llevarla a lugares increíbles.

ACTIVIDAD

Escribe aquí si alguna vez rechazaste la ayuda de alguien por pensar algo malo de esa persona sin antes conocerla.

. . . .
. . . .
. . . .
. . . .
. . . .
. . . .
. . . .
. . . .
. . . .
. . . .

COMPLETA, COLOREA Y DECORA

Inspírate con otras creatividades en redes sociales usando el #SOMOSTODASAMELIE

ACEPTO AYUDA

SIN PREJUZGAR

NUNCA TE RINDAS

Una tarde de sábado, mientras Amelie jugaba en el ático de su casa, descubrió un arcón antiguo lleno de polvo. Su curiosidad pudo con ella y decidió abrirlo. Quitó suavemente el polvo y lo abrió. En él había montones de recuerdos familiares antiguos, pero una cosa le llamó la atención, una libreta de piel marrón con un lazo rojo que la cerraba. En la tapa tenía una inscripción que decía "Bitácora de aventuras de Antón".

Amelie se emocionó hasta las lágrimas, era el libro de aventuras infantiles de su bisabuelo y llevaría en ese baúl más de cien años. En cuanto lo abrió se conmovió con las muchísimas aventuras que estaban escritas en esa libreta, pero lo que más intriga le generó fue un mapa que mostraba la ubicación de un supuesto tesoro escondido. Amelie estaba eufórica por el descubrimiento y su instinto de aventurera hizo que no dudara un solo minuto en seguir el mapa para encontrar el tesoro.

El camino la llevaba hacia la montaña cercana a su pueblo. Llegar hasta ese lugar fue una travesía nada fácil. Amelie tuvo que superar cantidad de obstáculos como cruzar un río, escalar una montaña y sortear trampas. Pero estaba determinada a encontrar el tesoro de su bisabuelo.

Después de mucho viaje, Amelie llegó al punto que marcaba el mapa, que era una cueva pequeña y un poco oscura. Encendió su linterna y con valentía, entró. Al final de la cueva encontró un baúl decorado de muchos colores por fuera. Cuando intentó abrirlo, descubrió que estaba sellado con una llave mágica.

Amelie no se rindió y continuó buscando la llave.

Finalmente, la encontró escondida bajo una roca detrás de un arbusto, al lado de la entrada de la cueva.

Amelie pudo abrir el baúl. Pero lo que había adentro no eran monedas de oro ni piedras preciosas. Lo que había, en cambio, eran los tesoros personales de su bisabuelo, una carta que escribió a su primer amor de la infancia y nunca se animó a entregarle, una foto antigua de su padre y su madre, los billetes de un crucero que realizó con su familia, una pluma de color verde y púrpura, unas cuantas canicas de cristal gastado y un reloj antiguo de bolsillo plateado.

Amelie volvió a su casa a contarles a sus padres lo emocionada y agradecida que estaba por la aventura que había vivido y por haber encontrado el tesoro más preciado de su bisabuelo.

ACTIVIDAD

Escribe aquí las 10 cosas que consideras tus tesoros más queridos.

1. ....
2. ....
3. ....
4. ....
5. ....
6. ....
7. ....
8. ....
9. ....
10. ....

AYUDAR TE AYUDA

Era muy temprano, una mañana de primavera, mientras Amelie paseaba por el bosque, cuando de repente escuchó un sonido muy extraño, era como un llanto o un quejido pero no lograba identificarlo. Al investigar, descubrió que era un bonito zorro recostado sobre la hierba y que al parecer estaba herido. A pesar de tener miedo que el zorrillo pudiera atacarla, Amelie igualmente decidió ayudarlo. Pensó cómo cogerlo sin hacerle más daño. Decidió cubrirlo con una manta que tenía en su mochila, lo cogió en brazos y lo llevó a su casa para limpiarlo y sanarlo.

Sin embargo, cuando Amelie intentó curarlo, descubrió que necesitaba medicinas especiales que no tenía. Amelie tenía dos opciones, la primera era esperar a sus padres a que volvieran del trabajo y llevar al zorro a una veterinaria en la ciudad que quedaba a una hora de su pueblo, o la segunda ir a la montaña en busca de las medicinas. Amelie sabía por sus abuelos que en la montaña podía conseguir unas hierbas medicinales que seguro ayudarían al zorro.

La primera opción no era posible, ya que pasarían muchísimas horas hasta que la veterinaria pudiera verlo por la noche, y corría riesgo de que el zorro empeorara. La segunda opción tenía un desafío extra para Amelie, que era superar su miedo a la montaña.

Amelie optó por la segunda, enfrentando su miedo

a la montaña sin temor al fracaso. La montaña estaba llena de peligros, como lobos y precipicios, pero Amelie no se rindió y continuó su viaje.

Después de caminar durante una hora, llegó al lugar donde localizó las medicinas. Rápidamente las recolectó, las guardó en su mochila y emprendió el regreso a casa.

Finalmente Amelie curó al zorro y lo soltó en el bosque nuevamente.

Amelie estaba emocionada y orgullosa de haber ayudado al zorro y de haber superado sus miedos a la montaña.

ACTIVIDAD

Escribe tu nombre preferido para el zorro:

. . . .
. . . .

COMPLETA EL DIBUJO Y COLOREA

Inspírate con otras creatividades en redes sociales usando el #SOMOSTODASAMELIE

LA FUERZA DE LA AMISTAD

Amelie paseaba por el pueblo cuando conoció a dos nuevos amigos, un niño llamado Lucas y una niña llamada Sofía. Todos compartían la misma pasión por la aventura y la exploración, así que decidieron unir sus fuerzas y salir juntos de aventura.

Organizaron para verse el domingo bien temprano junto al río. Los tres niños conocían una leyenda de un antiguo pueblo abandonado que estaba en medio del bosque. Según decía la leyenda urbana, el pueblo estaba encantado y poseía reliquias antiguas que nadie había podido rescatar.

Ese domingo ni bien amanecía se juntaron los tres amigos y con las mochilas llenas de agua, comida y material para la expedición, salieron a su aventura. Caminaron por horas en el bosque hasta que encontraron el pueblo. No había personas, las casas estaban vacías pero en buen estado. Parecía que por arte de magia el pueblo se había conservado en el tiempo, pero sin gente.

Cuando entraron al antiguo banco vieron la bóveda abierta y pensaron que el tesoro no estaría más, pero ni bien se acercaron el reflejo de las reliquias, unas monedas de oro, los encandiló con su brillo. Velozmente se lanzaron como si de una piscina se tratara, y nadaron muy emocionados entre las monedas.

Cuando Lucas intentó sacar unas monedas de la

bóveda vio cómo se desvanecían en sus manos. Muy sorprendido entendió que efectivamente era un pueblo mágico y ese tesoro estaba para quedarse ahí por siempre. Se podía ver y tocar pero solo dentro de la bóveda. La leyenda era verdad.

Los tres niños regresaron a casa muy contentos de su aventura y con un tesoro muy valioso, "la amistad por siempre". Amelie estaba agradecida por haber conocido a sus nuevos amigos y por haber vivido una aventura emocionante juntos.

ACTIVIDAD

Escribe el nombre de tus amig@s:

………………………………………………………
………………………………………………………
………………………………………………………
………………………………………………………
………………………………………………………
………………………………………………………
………………………………………………………..

COLOREA Y DECORA

Inspírate con otras creatividades en redes sociales usando el #SOMOSTODASAMELIE

AMISTAD

Designed by Freepik

SUPERANDO MIEDOS

Amelie siempre había tenido miedo a las alturas, lo que le impedía explorar algunos lugares emocionantes. Pero un día, escuchó sobre un lugar hermoso con las mejores vistas del valle cercano. Solo podía ser alcanzado trepando por unas rocas en la montaña.

A pesar de su miedo, Amelie decidió enfrentarlo y escalar las rocas para llegar al bello lugar. Durante el ascenso, Amelie se asustó muchas veces y pensó en descender, pero con ayuda de su valentía y determinación, logró superar sus miedos y llegar a la cima.

Amelie solo visualizaba el éxito, nada podía pararla, cada vez que dudaba o sentía miedo volvía a visualizar su imagen en la cima y así pudo continuar avanzando.

Una vez allí, descubrió un hermoso jardín de flores y mariposas brillantes que solo habitan ahí, además de unas vistas hermosas del valle donde se encuentra su pueblo. Entendió que había valido la pena el esfuerzo por ver ese lugar hermoso.

Desde ese momento, Amelie dejó atrás su miedo a las alturas y continuó explorando lugares emocionantes. Estaba orgullosa de haber superado su miedo y descubierto aquel lugar maravilloso

ACTIVIDAD

Ejercicio de visualización. Escribe una lista de tus principales miedos. Una vez escritos lee uno en voz alta y crea una imagen mental de ti superando el reto.

Ej: "Tengo miedo al agua".

Entonces, creas una imagen en tu mente positiva de ti nadando libremente en el mar o en la piscina y disfrutando ese momento.

Repite esto a diario con cada uno de tus miedos.

Algunos beneficios de la visualización:

1.Afrontar los estados emocionales negativos como la ansiedad o el estrés.
2.Favorece la relajación de tu cuerpo y la conciliación del sueño.
3.Potencia la imaginación

COMPLETA EL DIBUJO Y COLOREA

Inspírate con otras creatividades en redes sociales usando el #SOMOSTODASAMELIE

TRABAJO EN EQUIPO

Amelie y sus compañeros de clase salieron de excursión a un parque nacional muy cerca de su escuela. Durante el camino, se dieron cuenta de que el paso estaba bloqueado por un río crecido y un puente roto.

Sin saber cómo poder cruzar el río, Amelie y sus compañeros de clase decidieron trabajar juntos y superar los obstáculos. Cada uno aportó sus habilidades y talentos únicos para construir un puente temporal para cruzar el río.

Un grupito aportó ideas, a los que se les daba bien el dibujo hicieron los planos, Amelie, a la que se le dan bien las mates, hizo los cálculos, algunos buscaron materiales y otros que son hábiles creando cosas fueron los constructores.

Después de mucho trabajo y esfuerzo en equipo, lograron construir el puente y así continuar su excursión. Pero pronto se encontraron con otro obstáculo, una pared de roca alta que les impedía continuar.

Amelie y sus compañeros de clase no se rindieron y trabajaron juntos para encontrar una solución. Con la ayuda de unos arneses y una cuerda, lograron escalar la pared de roca y continuar su camino.

Al final de la excursión, los niños regresaron a casa con un gran sentido de logro por haber superado los obstáculos juntos. Amelie estaba feliz de haber vivido una aventura emocionante con ellos.

ACTIVIDAD

Escribe una lista con las habilidades de tus amig@s para tener en cuenta en tu próxima excursión.

1.Nombre: ………… Habilidades: ……………
2.Nombre: ………… Habilidades: ……………
3.Nombre: ………… Habilidades: ……………
4.Nombre: ………… Habilidades: ……………
5.Nombre: ………… Habilidades: ……………
6.Nombre: ………… Habilidades: ……………
7.Nombre: ………… Habilidades: ……………
8.Nombre: ………… Habilidades: ……………
9.Nombre: ………… Habilidades: ……………
10.Nombre: ………… Habilidades: …………..
11.Nombre: ………… Habilidades: …………..
12.Nombre: ………… Habilidades: …………..
13.Nombre: ………… Habilidades: …………..
14.Nombre: ………… Habilidades: …………..
15.Nombre: ………… Habilidades: …………..
16.Nombre: ………… Habilidades: …………..

COLOREA Y DECORA

Inspírate con otras creatividades en redes sociales usando el #SOMOSTODASAMELIE

JUNTOS ES MEJOR

Amelie y su mejor amigo, Mateo, decidieron aventurarse en el bosque detrás de su casa.

Mateo es la persona más cariñosa que Amelie conoce, tiene diagnosticado TEA (Trastorno del Espectro Autista), una afección relacionada con el desarrollo del cerebro, y a veces tiene dificultades con la comunicación, con la interacción social y necesita sus tiempos para superar algunos retos.

Sin embargo, Amelie siempre está allí para ayudar a Mateo y asegurarse de que se sienta incluido y valorado. Juntos salen siempre al bosque, a buscar nuevos lugares y descubrir animales y plantas desconocidos.

Un día, en una de sus aventuras, se encontraron con un obstáculo. Un río estaba en su camino y tenía un puente colgante que se movía mucho y sus tablas estaban muy separadas, de manera que a la mínima distracción podía colarse el pie. Mateo comenzó a sentirse abrumado y a perder la confianza en sí mismo.

Amelie ya había estado en situaciones similares y sabía que era importante ayudar a Mateo a superar este obstáculo, así que juntos encontraron una solución. Con una cuerda atada a la cintura entre ambos, Amelie avanzó primero sobre el puente mostrándole a Mateo dónde dar cada paso. Y así Mateo siguió los pasos de Amelie hasta cruzar el puente.

Mateo estaba orgulloso de sí mismo por haber superado este obstáculo y Amelie estaba feliz de haber ayudado a su mejor amigo a sentirse más seguro y confiado.

Ese mismo día continuaron su aventura por el bosque y encontraron nuevos lugares y retos emocionantes que pudieron superar juntos.

ACTIVIDAD

Escribe los retos que superaste el último año junto a tus amig@s.

………………………………………………………………..…
………………………………………………………………..…
………………………………………………………………..…
………………………………………………………………..…
………………………………………………………………..…
………………………………………………………………..…
………………………………………………………………..…
………………………………………………………………..…
………………………………………………………………..…

COLOREA Y DECORA

Inspírate con otras creatividades en redes sociales usando el #SOMOSTODASAMELIE

NO MÁS MALTRATO ESCOLAR

Amelie había notado que varios de sus compañeros de la escuela estaban siendo víctima de bromas de mal gusto y acosos por parte de un grupo de estudiantes más mayores. Esto la preocupaba mucho y quería hacer algo al respecto.

Un día, mientras estaba en el patio del colegio, vio a Juan, uno de sus compañeros, siendo maltratado. Amelie decidió actuar inmediatamente y se acercó a Juan para preguntarle si estaba bien.

Juan le contó todo lo que había estado sucediendo y Amelie se sintió furiosa. Sabía que tenía que hacer algo para detener a los maltratadores y proteger a sus compañeros.

Así que, con valentía y determinación, Amelie se enfrentó a ellos y les dijo que tenían que detener el maltrato escolar inmediatamente. Ellos comenzaron a reírse de ella, pero Amelie siguió adelante y les insistió que lo que estaban haciendo era incorrecto y dañaba física y mentalmente a los demás.

Al principio, estos niños no querían escucharla, pero Amelie no se rindió. Habló con ellos sobre la importancia de ser amables y respetuosos con los demás y les hizo ver y comprender las consecuencias negativas de su comportamiento.

Finalmente, los jóvenes, avergonzados con sus

acciones, comprendieron y prometieron detener sus malos tratos. Amelie había logrado disuadirlos y proteger a sus compañeros de la escuela.

Algunos consejos útiles:
Cuando veas o presencies un caso de maltrato escolar:

1.Conversa con un padre, docente u otro adulto en quien confíes y diles lo que ocurre.
2.Sé amable con la persona que es maltratada. Demuéstrale tu interés tratando de integrarla. Simplemente pasar tiempo con ellos los ayudará a saber que no están solos.

Callarse empeora las cosas. La persona que realiza el maltrato escolar pensará que está bien seguir tratando mal a otros.

COLOREA Y DECORA

Inspírate con otras creatividades en redes sociales usando el #SOMOSTODASAMELIE

PEDIR AYUDA ES BUENO

Amelie y sus amigos del pueblo estaban emocionados porque irían de excursión a la montaña. Habían planeado todo cuidadosamente y estaban listos para pasar un día de aventura. Sin embargo, una vez que llegaron a la cima, comenzó a nevar fuertemente, obstaculizando su camino de regreso.

Amelie se dio cuenta de que la situación se estaba poniendo cada vez más peligrosa. La nieve estaba cayendo más fuerte y la luz del día comenzaba a disminuir. Si no encontraban ayuda pronto, sus amigos y ella podrían congelarse en la montaña.

Entonces ella decidió tomar acción. Pero ella sola no podría resolverlo. Se encontraba un poco asustada pero no quería permitir que sus amigos corrieran peligro. Con valentía, dejó a sus amigos bajo la protección de un refugio improvisado y se embarcó en un peligroso camino para pedir ayuda.

El camino hacia abajo fue difícil. La nieve caía con fuerza y había muchos obstáculos en su camino, pero Amelie siguió adelante, sin perder la esperanza. Finalmente, después de una larga caminata, llegó a una aldea pequeña a mitad del camino de descenso.

Con la ayuda de un grupo de personas amables, Amelie pudo organizar un equipo de rescate para ayudar a sus amigos.

Juntos, lograron llegar a la cima de la montaña y

rescatar a sus amigos justo a tiempo, antes de que oscureciera y el frío se hiciera insoportable.

Amelie se sintió muy orgullosa de sí misma y sus amigos le agradecieron su valentía y liderazgo. A partir de ese día, aprendieron a valorar aún más su amistad, a respetarse y ayudarse mutuamente en momentos de necesidad.

Recuerda:
"Pedir ayuda nos hace más honestos para cuando nosotros tengamos que ayudar a los demás. Pedir ayuda no tiene que ver con el fracaso, ni tampoco con la dependencia, ni la baja autoestima. Buscar ayuda tiene que ver con reconocer tus limitaciones, humildad y coraje."

DESCUBRE LAS DIFERENCIAS

Marca con una X las 10 diferencias entre las dos imágenes.

LA BONDAD Y LA AMABILIDAD EXISTEN

Un día de invierno, Amelie había decidido dar un paseo por la montaña nevada, quería explorar y descubrir todo lo que pudiera.

Luego de un rato de caminar entre los árboles comenzó a nevar, y en pocos minutos la nevada se hizo más intensa y comenzó a caer con más fuerza. Desesperada, Amelie apresuró el paso por el sendero para intentar refugiarse. De repente vio una luz en la distancia que procedía de una casa antigua y decidió acercarse.

Amelie se acercó con cautela, no sabía qué esperar. Pero al llegar a la puerta, notó que estaba entreabierta, y decidió entrar. Lo que vio dentro la sorprendió: había una señora muy mayor sentada en una silla, junto a la chimenea. La señora la miró y le preguntó qué hacía allí. Amelie le explicó que había perdido el camino debido a la nevada y había encontrado esta casa. La señora le ofreció entrar y calentarse un poco, y Amelie aceptó agradecida.

Mientras bebían chocolate caliente juntas, la señora comenzó a contarle a Amelie sobre su vida, cómo había vivido sola en esa casa durante tantos años, y cómo había sobrevivido a la naturaleza adversa y el frío extremo. Amelie escuchó con atención, fascinada por las historias de la señora. Pero pronto, la nevada cesó y Amelie supo que tenía que regresar a casa. La señora le dio un abrazo de despedida y le regaló una rosa que había cultivado ella misma. Amelie prometió regresar a visitarla en el futuro.

Después de regresar a casa, Amelie compartió sus aventuras con su familia y amigos, y nunca olvidó la historia de la señora solitaria que vivía en la montaña nevada. Aprendió que es posible encontrar la bondad y la amabilidad en los lugares más inesperados, y que a veces las personas mayores tienen las historias más interesantes de contar.

ACTIVIDAD

Escribe un nombre para la señora mayor que conoció Amelie:

....

....

....

....

....

COLOREA Y DECORA

Inspírate con otras creatividades en redes sociales usando el #SOMOSTODASAMELIE

AMABILIDAD

Designed by Freepik

BONDAD

NADIE ES MEJOR QUE NADIE

Amelie siempre ha sido una niña muy sensible y preocupada por los demás, por eso cuando vio que entre sus compañeros del colegio había tanta competencia y rivalidad por todo, se sintió muy mal. Ella sabía que esto no era bueno para nadie, y quería encontrar una forma de hacer que todos sus amigos entendieran que todas las personas son iguales y nadie es mejor que nadie.

Un día, Amelie decidió que era hora de actuar. Se dio cuenta de que tenía que encontrar una forma de demostrar a sus compañeros que la inclusión y la diversidad son valores muy importantes, y que deben ser respetados por todos. Así que planeó una aventura que les llevaría a recorrer el bosque que había cerca de su pueblo.

La aventura comenzó con mucha emoción, y mientras caminaban por el bosque, Amelie y sus amig@s encontraron una gran variedad de animales, plantas y árboles. Les sorprendió ver cómo todos ellos convivían en armonía, sin importar su tamaño, forma o color. Fue entonces cuando Amelie comprendió que esa era la lección que quería enseñar a sus compañeros.

Al llegar a un claro en el bosque, Amelie les explicó a sus amigos que todos los seres vivos en la naturaleza eran iguales, y que ninguno era mejor que otro. Les dijo que deberían aprender de la naturaleza, y aceptar a los demás tal como son, sin importar sus diferencias.

Los compañeros de Amelie quedaron impresionados con su lección, y comenzaron a entender que la inclusión y la diversidad son valores muy importantes que deben ser respetados. Amelie había logrado su objetivo, y todos sus compañeros regresaron a sus casas con una nueva perspectiva sobre la vida y las personas.

Desde entonces, Amelie se convirtió en un ejemplo para sus compañeros y para todos los niños de su pueblo. Había demostrado que cualquiera puede ser un líder y un defensor de la inclusión y la diversidad, sin importar su edad.

COLOREA Y DECORA

Inspírate con otras creatividades en redes sociales usando el #SOMOSTODASAMELIE

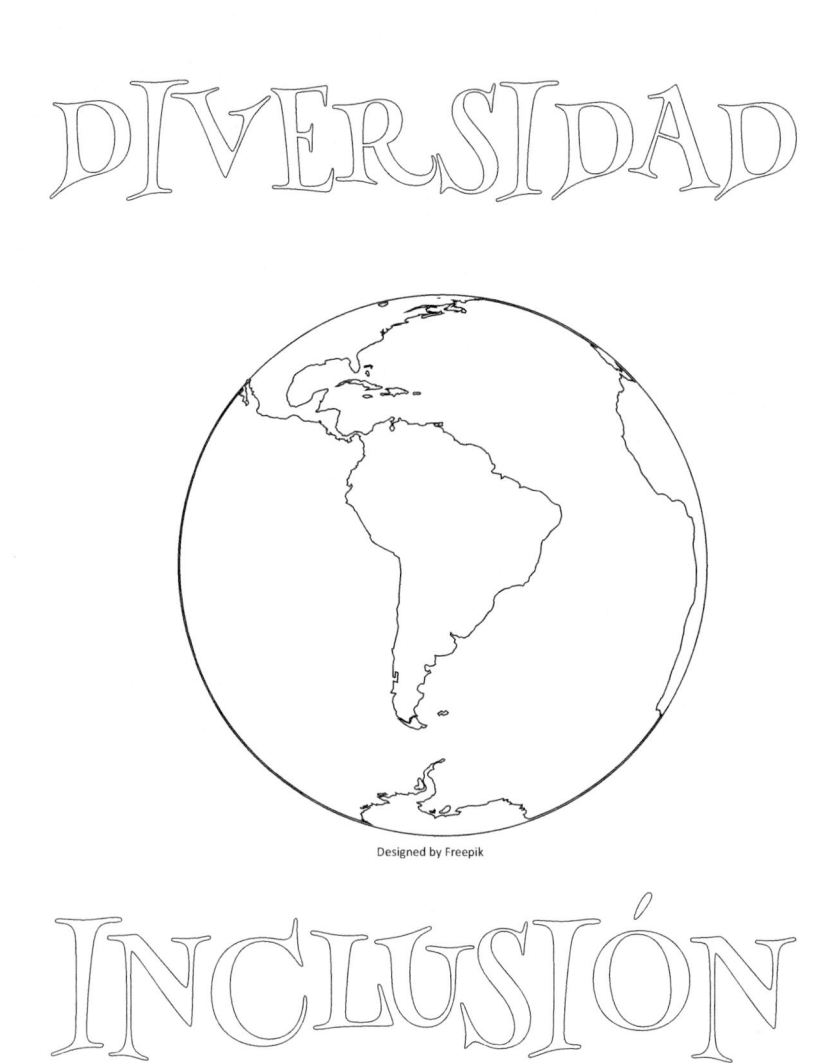

DIVERSIDAD

Designed by Freepik

INCLUSIÓN

AMA LA NATURALEZA Y LOS ANIMALES

La mañana del día de la excursión, Amelie y sus compañeros del colegio estaban muy emocionados. Habían estado planificando este día durante semanas hasta que finalmente llegó. Después de un breve recorrido, llegaron a un puente muy viejo que atravesaba un río. Todos los niños miraron hacia abajo y vieron el agua cristalina y el fondo rocoso.

"¿Podemos cruzar el puente?", preguntó Amelie a sus profesores.

"Claro que sí", respondió uno de ellos, "solo tengan cuidado y agarren a sus compañeros de la mano para ayudarse mutuamente".

Los niños comenzaron a caminar sobre el puente, pero de repente, algo extraño sucedió. Amelie y sus amigos comenzaron a sentir una brisa suave y fresca y al mirar hacia arriba, se dieron cuenta de que habían entrado a un mundo mágico.

El mundo mágico estaba lleno de vida y colores. Los árboles eran más altos y más verdes, las flores eran más brillantes y los animales eran diferentes a los que habían visto antes.

Amelie y sus compañeros estaban asombrados. Entonces, de repente, los animales comenzaron a hablar.

"¡Hola!", dijo un pájaro, "¿cómo están hoy?".

Los niños se miraron entre sí, incrédulos. No podían creer que los animales estuvieran hablando con ellos.

"Estamos bien", respondió Amelie, "¿por qué pueden hablar?"

"Porque estamos en un mundo mágico", respondió el pájaro, "donde todos podemos entendernos".

Los niños pasaron el resto del día aprendiendo sobre la naturaleza y los animales de este mundo mágico. Descubrieron la importancia de cuidar el medio ambiente y de tratar a los animales con amor y respeto.

Al final del día, los niños cruzaron nuevamente el puente y regresaron a su mundo, pero nunca olvidarán la lección que aprendieron en el mundo mágico. Amelie y sus compañeros se comprometieron a ser mejores personas y a cuidar de la naturaleza y de los animales.

Desde ese día en adelante, Amelie siempre recordaría la importancia de aprender sobre la naturaleza y de trabajar juntos para hacer un mundo mejor

ACTIVIDAD

Escribe una lista de cosas que te gustaría realizar para ayudar a hacer al mundo mejor y más sostenible.

Por ejemplo: "Voy a empezar a reciclar los residuos en mi casa separándolos en Orgánico, Cartón, Plásticos y Cristales"

………………………………………………………..…
………………………………………………………..…
………………………………………………………..…

Las Aventuras de Amelie

....
....
....
....
....
....
....
....
....
....
....
....
....
....
....
....
....
....
....

COLOREA Y DECORA

Inspírate con otras creatividades en redes sociales usando el #SOMOSTODASAMELIE

UNIDOS POR UNA CAUSA

Amelie siempre había sido una niña muy sensible y preocupada por el bienestar de los demás. Por eso, cuando fue a visitar a su abuela al pueblo vecino, se dio cuenta de la difícil situación que vivían muchas personas allí. Había varios vecinos sin trabajo, muchos comercios habían cerrado permanentemente y una cantidad importante de personas no tenían acceso a los recursos básicos que todos necesitamos para sobrevivir.

Amelie, angustiada por esa situación, no podía

quedarse sin hacer nada, así que decidió organizar una gran recaudación para ayudar a los habitantes de ese pueblo. Se fue de puerta en puerta, hablando con los comerciantes de su pueblo y les explicó la situación que se vivía en el pueblo vecino. Todos ellos se sintieron conmovidos por la historia de Amelie y decidieron ayudar.

El panadero donó pan fresco, el carnicero carne fresca, el carpintero construyó juguetes y muebles, y todos los demás comerciantes contribuyeron de alguna manera. Todos trabajaron juntos para organizar ese gran acontecimiento que permitiera recaudar fondos para las personas necesitadas.

El día de la recaudación, la plaza del pueblo estaba llena de gente. Amelie había hecho carteles y volantes que explicaban la grave situación y la importancia de ayudar. La gente respondió con entusiasmo y generosidad, y la recaudación fue un éxito.

Amelie y sus amigos llevaron todo lo recaudado al pueblo vecino y lo entregaron a las personas que más lo necesitaban. Todos ellos se sintieron muy agradecidos y les prometieron que su ayuda no sería en vano.

A partir de ese día, Amelie se convirtió en un referente en su pueblo y en el pueblo vecino. Había demostrado que, con un poco de esfuerzo y dedicación, es posible hacer una gran diferencia en la vida de los demás. Y, sobre todo, había enseñado la importancia de ayudar a los demás y de trabajar juntos por una buena causa.

COLOREA Y DECORA

Inspírate con otras creatividades en redes sociales usando el #SOMOSTODASAMELIE

SUPERA LA FALTA DE UN SER QUERIDO

Amelie siempre había tenido una muy estrecha relación con su abuelito Felipe. Era el hombre más sabio y cariñoso que ella conocía y ella lo adoraba. Pero un día, después de luchar muchos años contra una enfermedad grave, el abuelito de Amelie falleció.

Fue un golpe muy duro para ella, pero sabía que debía ser fuerte para apoyar a su abuela y a su madre, que estaban muy tristes por lo sucedido. Amelie decidió enfocarse en recordar los momentos felices que había compartido con su abuelito y en encontrar maneras de honrar su memoria.

Ella decidió compartir su historia con sus amigos y compañeros en la escuela, y se sorprendió al ver cuán comprensivos y amables eran con ella. Juntos, organizaron una serie de actividades en su honor, desde una caminata en la naturaleza hasta una recaudación de fondos para una organización benéfica que luchaba contra la enfermedad que había afectado a su abuelito.

Gracias a su comunidad y a sus amigos, Amelie fue capaz de superar este evento trágico y encontrar la paz en su memoria. Aprendió que, aunque el dolor siempre estará presente, ella siempre tendrá a su abuelito en su corazón y en sus recuerdos. Y que el amor y el apoyo de sus seres queridos pueden ayudarla a superar cualquier obstáculo.

ACTIVIDAD

Sabías que el 26 de Julio se festeja el "Día Internacional de los Abuelos".

Escribe un mensaje para todos los abuelos del mundo diciéndoles lo importante que son para todos los niños. Compártelo con tu familia y amigos.

………………………………………………………
………………………………………………………
………………………………………………………
………………………………………………………
………………………………………………………
………………………………………………………
………………………………………………………
………………………………………………………
………………………………………………………
………………………………………………………

DIBUJA, COLOREA Y DECORA

Haz un dibujo para los abuelos del mundo y pídele a un adulto que haga una foto y lo comparta en sus redes sociales el 26 de Julio usando el #DIADELOSABUELOS

MIEDO A SER LA NUEVA DE LA CLASE

Amelie estaba muy nerviosa en su primer día de cole nuevo. Era una escuela muy grande y ella no conocía a nadie allí. Era el primer día de clases y tenía miedo de no tener amigos, de no encajar con los demás o de no ser aceptada.

Sin embargo, a medida que su día avanzaba, Amelie comenzó a hacer nuevos amigos. Se unió a un grupo de compañeros en una actividad escolar y descubrió que todos eran amables y acogedores. Amelie se sintió más cómoda y relajada y comenzó a disfrutar de sus clases.

A lo largo de las semanas, Amelie continuó haciendo nuevos amigos y participando en diferentes actividades escolares. Ella se convirtió en una persona más segura y abierta. Amelie encontró en la escuela un lugar donde podía ser ella misma, donde podía aprender, crecer y ser parte de una comunidad amable y unida.

Amelie se dio cuenta que no servía de nada haberse puesto nerviosa antes de tiempo. Lo mejor es vivir las experiencias sin prejuzgar y dejar que las cosas surjan por sí solas. La vida siempre nos sorprende y muchas veces encontraremos cosas muy buenas para nosotros en los lugares menos pensados.

En resumen, Amelie superó su miedo y encontró

un hogar en su nuevo colegio. Aprendió la importancia de hacer amigos y de ser una buena compañera de clase.

ACTIVIDAD

Escribe una historia divertida que hayas vivido en el colegio con tus compañeros.

……………………………………………………
……………………………………………………
……………………………………………………
……………………………………………………
……………………………………………………
……………………………………………………
……………………………………………………
……………………………………………………
……………………………………………………
……………………………………………………
……………………………………………………
……………………………………………………
……………………………………………………
……………………………………………………

COLOREA Y DECORA

Inspírate con otras creatividades en redes sociales usando el #SOMOSTODASAMELIE

Designed by Freepik

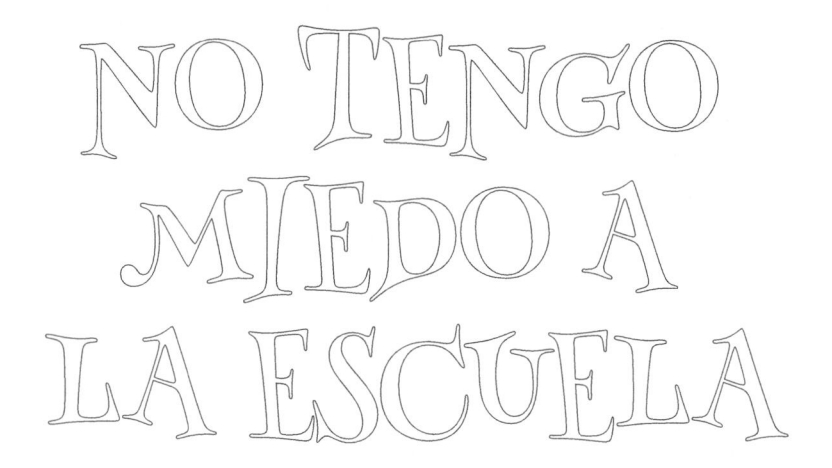

NO TENGO MIEDO A LA ESCUELA

Terror al Dentista

Amelie tenía un miedo terrible a ir al dentista. Había oído historias de dolor y dientes rotos, y simplemente no podía imaginar que alguien le metiera instrumentos en la boca. Sin embargo, sabía que tenía que ir para mantener sus dientes sanos y fuertes.

Sus padres querían que Amelie se hiciera una revisión y pidieron una cita para el viernes por la tarde. Era lunes y su semana se haría interminable por la ansiedad y el miedo que le provocaba. Por un lado su miedo se prolongaba, pero por otro lado mejor que nunca llegase esa cita.

Finalmente el día de la cita llegó y una vez en la clínica dental, Amelie estaba nerviosa y temblando. Pero el dentista, un hombre amable con una gran sonrisa, la tranquilizó y le habló sobre la importancia de la higiene bucal y la buena alimentación. Le mostró cómo cepillarse los dientes y usar hilo dental, y le explicó por qué estas cosas eran tan importantes.

Amelie se sorprendió de lo fácil y agradable que fue su primera visita al dentista. Al final de la sesión, ella salió de allí con una gran sonrisa en el rostro, y su miedo había desaparecido por completo. Desde ese día en adelante, ella asistió a sus citas regulares con el dentista sin problemas, y pronto se convirtió en un amigo cercano.

El dentista la animaba a seguir cuidando sus

dientes y a mantener una buena higiene bucal. Amelie aprendió mucho sobre la importancia de mantener la boca saludable, y siempre estuvo agradecida al dentista por ayudarla a superar su miedo y enseñarle cómo cuidarse de la manera correcta.

ACTIVIDAD

Escribe el nombre de tu dentista:
……………………………………………………..

Sabías que:

Es recomendable hacer visitas periódicas al dentista cada 6 -12 meses. Las visitas periódicas al dentista además de ayudar con la salud dental pueden evitar futuras patologías dentales, caries, enfermedades periodontales entre otras. Anímate y pídele a tus padres que pidan una cita de revisión.

COMPLETA

Ponte a prueba. Escribe el nombre de los dientes.

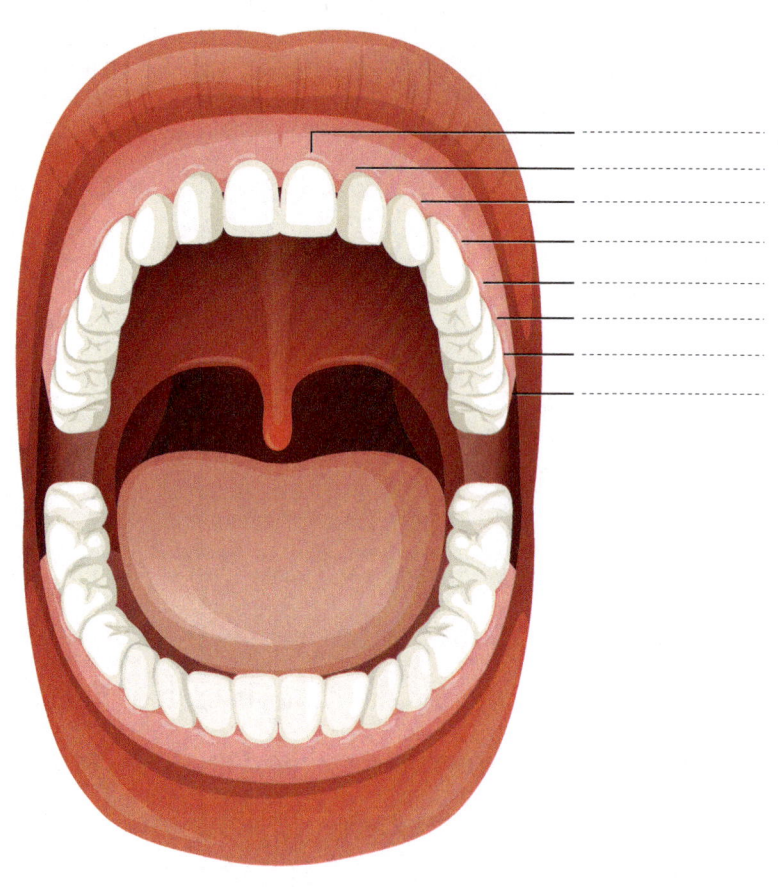

MIS PADRES DISCUTEN

Amelie siempre había visto a sus padres como un equipo inseparable, ellos siempre hacían todo juntos. Un día Amelie llegó a casa después del colegio y al entrar escuchó una gran discusión entre ellos. Se sintió muy angustiada, no sabía qué hacer. Se imaginó a sus padres separándose y teniendo que elegir con quién vivir. Este pensamiento la llenó de miedo y una gran tristeza la invadió.

Pero Amelie no quería quedarse sentada esperando

el resultado, decidió hablar con sus padres para ver si podía ayudar de alguna manera. Fue una conversación difícil, porque los padres no se habían dado cuenta de que cuando ellos discuten los que sufren siempre son los hijos. Luego de que los padres le explicaran por qué habían discutido, finalmente pudieron solucionar el problema y asegurarle a Amelie que no se iban a separar.

Aunque la discusión había terminado, Amelie no podía dejar de pensar en aquellos amigos que tenían a sus padres separados. Se dio cuenta de lo difícil que debía ser para ellos pasar por ese momento y se sintió agradecida por tener a sus padres juntos y felices.

Desde entonces, Amelie valora más a sus padres y trata de ayudarlos en lo que pueda para que nunca vuelvan a tener una discusión así. Aprendió la importancia de escuchar y tratar de ayudar a los demás en momentos difíciles y valorar a las personas que tenemos a nuestro alrededor.

ACTIVIDAD

Escribe una lista de cosas que puedes hacer para ayudar a tus padres por amor y no por obligación:

………………………………………………….…
………………………………………………….…
………………………………………………….…
………………………………………………….…
………………………………………………….…
………………………………………………….…
………………………………………………….…
………………………………………………….…
………………………………………………….…
………………………………………………….…
………………………………………………….…
………………………………………………….…
………………………………………………….…
………………………………………………….…
………………………………………………….…

DIBUJA, COLOREA Y DECORA

Haz un dibujo de tu familia, no te olvides de ti. Pídele a un adulto que haga una foto y lo comparta en sus redes sociales el 15 de Mayo usando el #DIADELAFAMILIA

QUIERO UNA MASCOTA

Amelie siempre había querido tener una mascota. Amaba los animales y soñaba con tener un perro al que poder cuidar y jugar con él. Un día, mientras caminaba por el parque, vio a un grupo de niños jugando con sus perros y se sintió triste al darse cuenta de que ella no tenía uno. Al regresar a casa, Amelie le contó a sus padres su deseo de tener una mascota.

Ellos le dijeron que tenía que ser muy responsable y que una mascota requería de mucho cuidado.

Amelie entendió y prometió ser la mejor dueña de una mascota. Así que, juntos, fueron al refugio de animales a buscar al perro perfecto.

Cuando llegaron al refugio, Amelie estaba muy emocionada. Vio que había muchos perritos hermosos, pero uno en particular le llamó la atención. Era un perro pequeñito, con un pelaje suave y marrón. No dejaba de mirar a Amelie con sus grandes ojos saltones.

Amelie se acercó y el perrito comenzó a lamerle la mano. Fue amor a primera vista. Ella sabía que ese perrito sería su compañero perfecto. Pero todavía tenía que convencer a sus padres.

Los padres de Amelie estaban un poco preocupados, ya que era un perro pequeño y requeriría mucho cuidado. Pero al ver la ilusión de Amelie y el amor que tenía por él, no pudieron decirle que no.

Así que, llevaron al perrito a casa y le pusieron como nombre "Lucky". Amelie lo cuidó y lo amó con todo su corazón. Lucky se convirtió en el mejor amigo de Amelie y ella nunca se arrepintió de haberlo adoptado.

Desde ese día, Amelie aprendió la importancia de ser responsable y cuidar a sus seres queridos, incluyendo a Lucky, su nueva mascota.

Sabías que:
Adoptar mascotas tiene varios beneficios, conoce algunos:

1. Segunda oportunidad a la mascota
2. Amor y compañía incondicional
3. Mejora la salud mental
4. Enseña a ser responsables a los niños
5. Anima a otros a adoptar

COLOREA Y DECORA

Inspírate con otras creatividades en redes sociales usando el #SOMOSTODASAMELIE

LEJOS DE LA FAMILIA

Amelie y su prima Emma siempre habían estado muy unidas. Habían crecido juntas y compartido todo tipo de aventuras y recuerdos. Así que cuando Amelie descubrió que su prima se mudaría a vivir a otro país, se sintió muy triste y desanimada. Era difícil imaginar su vida sin Emma a su lado.

Sin embargo, también comprendía que la mudanza era lo mejor para los padres de Emma y su familia. Le habían ofrecido un nuevo trabajo en el extranjero con mejores oportunidades y ellos estaban muy emocionados por este nuevo comienzo.

A pesar del dolor que sentía Amelie, trató de ser positiva y apoyar a su prima en esta nueva etapa. Organizaron una gran fiesta de despedida y prometieron mantenerse en contacto a pesar de la distancia.

Amelie aprendió que la vida a veces es difícil y cambiante, pero también le enseñó a apreciar los recuerdos y la amistad verdadera que compartía con su prima. Sabía que esta amistad duraría para siempre en su corazón, independientemente de la distancia que los separaba.

A lo largo del tiempo Amelie y su prima se escribían constantemente y compartían sus nuevas aventuras en diferentes países. La distancia solo fortaleció su amistad y las hizo sentir aún más cerca la una de la otra.

ACTIVIDAD

Escribe una lista de ciudades, países o lugares que conozcas o te gustaría conocer.

....
....
....
....
....
....
....
....
....
....
....
....
....
....
....
....
....

ACERCA DEL AUTOR

MILL SNOWS es el seudónimo de un autor independiente, esposo y padre de dos hijos adolescentes, que ha dedicado los últimos 25 años a trabajar en las mejores agencias de diseño, publicidad, marketing e innovación, creando estrategias, creatividad y contenido para grandes marcas del Fortune 500.

Su principal valor siempre fue conectar y empatizar con las personas y en este caso nos da una demostración de su gran habilidad, que radica en su capacidad para conectar con los niños, creando relatos, juegos y actividades que los inspiran.

Ahora, ha decidido compartir sus experiencias con todos nosotros a través de su libro "Las Aventuras de Amelie", una colección de historias cortas llenas de coraje, amistad y fuerza interior.

¡Descubre las aventuras de Amelie y empápate de la magia que MILL SNOWS ha creado!

Las Aventuras de Amelie

AGRADECIMIENTO

Este libro se lo dedico a mis hijos Bella y Tizi, que gracias a ellos he vivido muchas experiencias a lo largo de sus vidas, las cuales he tomado de referencia para inspirarme y escribir estos relatos de ficción basados en la vida cotidiana.

Mi dedicación especial es para mi esposa Bere, que es mi compañera de vida, que siempre está firme a mi lado apoyándome y en todas mis aventuras y que ha sido esencial para el libro se haga realidad.

A mi amiga Romina, que corrigió y sugirió mejoras para que finalmente quede un contenido de calidad.

Mi familia y mis amistades son el motor que me empuja y me hace soñar para seguir pensando más historias para Las Aventuras de Amelie.

DIBUJA, COLOREA Y COMPÁRTELO

Este es un espacio para que expreses tu libertad creativa y dibujes libremente cosas o imágenes que te hayan quedado en la mente sobre "Las Aventuras de Amelie".

Pide a un adulto que le haga foto a tus dibujos y los comparta en las redes sociales usando el #SOMOSTODASAMELIE.

También puedes seguir @weareallamelie

Gracias y hasta la próxima.

DIBUJA, COLOREA Y COMPÁRTELO

Las Aventuras de Amelie

DIBUJA, COLOREA Y COMPÁRTELO

DIBUJA, COLOREA Y COMPÁRTELO

DIBUJA, COLOREA Y COMPÁRTELO

DIBUJA, COLOREA Y COMPÁRTELO

Printed in Great Britain
by Amazon